L'ŒUVRE SCOLAIRE

DE LA

TROISIÈME RÉPUBLIQUE

CONFÉRENCE

Faite à la L∴ ALSACE-LORRAINE

PAR

le F∴ J.-B. RAUBER

Chef d'Institution

BROCHURE

Publiée au profit d'une Œuvre patriotique

Prix : 30 Centimes

PARIS

IMPRIMERIE HUGONIS

6, rue Martel, 6

1891

L'ŒUVRE SCOLAIRE

DE LA TROISIÈME RÉPUBLIQUE

Conférence faite par le F.·. RAUBER

Dans la Tenue du 8 Mai 1890

Mes T.·. C.·. F.·.,

Aux dernières élections législatives allemandes, l'Alsace-Lorraine, invinciblement unie à la mère-patrie, a signifié pour la neuvième fois à ses spoliateurs que, française de droit, française de cœur, elle resterait française en dépit de la force et des traités.

Dans notre avant-dernière tenue, les 1200 garants d'amitié de nos 163 Loges affiliées sont venus, eux aussi, témoigner de leur inaltérable attachement aux populations subjuguées, et renouveler leur serment de fidélité à la cause sacrée que la Loge Alsace-Lorraine personnifie au sein de la Maçonnerie française.

En venant ainsi, tous les ans, à la même époque, protester, par leurs paroles et par leurs actes, contre le rapt dont, en plein XIXe siècle, deux millions de Français ont été victimes, ils nous soutiennent dans nos saintes revendications et raffermissent les espérances des Français qui, depuis vingt ans, attendent la délivrance.

Notre but commun n'est pas seulement de préparer les cœurs à la revanche ; mais de faire triompher l'un des grands principes du droit moderne, à savoir: *Que le droit prime la force et que nulle puissance ne peut disposer d'une portion quelconque de l'humanité sans son consentement.*

Voyons donc comment il faut nous préparer à ces grands devoirs et à cette grave responsabilité.

Pour se mettre à la hauteur d'une si noble tâche, il importe avant tout:

De rendre les individus forts, le peuple viril, la nation invincible; de porter à leur maximum de développement, par un bon système d'éducation nationale, les forces physiques, intellectuelles et morales, les vertus civiques et domestiques de la population tout entière.

A toutes les époques et chez tous les peuples, l'éducation a été considérée comme le plus puissant instrument d'émancipation ou d'asservissement.

Un ancien, qui se connaissait en vertu, Plutarque, disait déjà: « Un peuple veut-il améliorer son armée, ses finances, son administration, sa politique, qu'il commence par élever dans toutes les classes, le niveau intellectuel et moral; car les fruits de l'arbre ne sont jamais que ce qu'est l'arbre lui-même. »

Frédéric le Grand, préludant aux destinées de la Prusse, disait à son tour : « Celui qui est maître de l'école est maître de l'avenir. »

Et si l'Eglise, dans ses concordats, a tant revendiqué le monopole de l'enseignement, c'est parce qu'elle était convaincue de l'influence de l'éducation sur la docilité des peuples.

Enfin, les critiques haineuses que répand la presse réactionnaire, les efforts violents que font le clergé et les anciennes classes dirigeantes contre nos lois et nos institutions scolaires sont de nouvelles preuves du prix que notre éternel adversaire attache à la direction des intelligences et de la déception qu'il éprouve en voyant que le domaine de l'instruction lui échappe.

Mais qu'ai-je besoin de démontrer à des Maç.·. l'importance de l'éducation? Vous connaissez tous cette parole de M. Jules Simon : « Le peuple qui a les meilleures écoles est le premier peuple ; s'il ne l'est pas aujourd'hui, il le sera demain. »

Vous savez enfin que si la violence a pu briser l'unité nationale de la France; si l'Alsace et la Lorraine ont pu être temporairement séparées de la mère-patrie, c'est que, depuis trois siècles, les écoles populaires d'outre-Rhin étaient bien supérieures aux nôtres et le niveau de l'instruction incomparablement plus élevé que chez nous.

L'aveu de Guillaume, déclarant à la face de l'Allemagne tout entière qu'il devait ses triomphes aux maîtres de l'enseignement populaire n'est-il pas fait pour nous inspirer le désir de rendre nos écoles meilleures que celles de l'ennemi ?

Qui donc ose, s'il lui reste du sang français dans les veines, blâmer la troisième République d'avoir mis tous, hommes et femmes, pauvres et riches, sur le pied de l'égalité en matière d'instruction et d'éducation.

Et cependant, il est tout un parti, celui des « prétendus honnêtes gens », qui s'efforce d'égarer sur ce point l'opinion publique.

On dénonce de toute part les lois scolaires et

militaires comme une œuvre scélérate, maçonnique, qui porte atteinte à la liberté des familles et propage l'irréligion dans les masses.

Parmi les plus implacables détracteurs du régime scolaire nouveau, se distingue tout particulièrement le fils d'un ministre libéral de l'empire.

C'est, en effet, M. Duruy qui, dès 1865, prit la courageuse initiative des deux lois d'obligation et de gratuité ; ce pourquoi, il fut d'ailleurs fort malmené par la meute officielle, presque avec autant de violence que nous le sommes, nous ses continuateurs, par son propre fils, devenu ainsi le contempteur de l'œuvre paternelle, d'une œuvre démocratique par excellence.

Dans son livre : *l'Instruction Publique et la Démocratie de* 1789 *à* 1886, M. Albert Duruy fait le procès à toutes les réformes accomplies par la République aux trois degrés d'enseignement.

Pour lui, la démocratie « cache sous un mau- « vais vernis scientifique le vide de sa pédagogie, « et sous l'enflure hypocrite des mots le plus « détestable système de compression intellec- « tuelle qui ait jamais pesé sur la jeunesse d'un « pays.

« Le droit violé, la justice et la liberté de cons- « cience outragées, l'athéisme officiel installé « dans nos écoles à la place de la vieille morale « spiritualiste, Dieu lui-même expulsé, nos belles « études classiques mutilées, soumises à de « désastreuses expériences, au nom d'une péda- « gogie étrangère... ce clair et vif esprit lui- « même altéré par de mauvais alliages, le triom- « phe de l'érudition prétentieuse et le règne des « pédants, enfin, et par dessus tout, le déchaîne-

« ment réfléchi de la guerre religieuse sur ce pays « livré d'ailleurs à de si funestes divisions »

Voilà les cris de colère qu'arrachent aux partisans de l'enseignement clérical ces lois de justice et de solidarité qui sont l'honneur de la République; ces lois dont la conquête a été menée avec tant de patience et de modération ; ces lois qui sont le patrimoine des générations futures et que tous les bons Français doivent défendre dans leur intégrité.

Aussi est-ce avec le sentiment d'un devoir à remplir que j'entreprends de vous faire connaitre l'œuvre scolaire de la troisième République.

Les ennemis du progrès attribuent cette œuvre, à la Franc-Maç.·. Nous acceptons fièrement la part d'honneur qui nous en revient.

Oui, certes, si nos Loges n'ont ni élaboré, ni voté, ni édicté ces fameuses lois scolaires, elles ont du moins préparé l'esprit public à les réclamer et les populations à les accueillir favorablement.

De plus, deux membres de *la Loge Alsace-Lorraine,* deux Alsaciens-Lorrains, l'un comme Président de la Ligue de l'Enseignement, l'autre, comme Chef du Gouvernement ou de l'Université, ont pris à la confection de ces lois, une part prépondérante qui sera pour eux, à tout jamais, un titre de gloire.

Qui pourrait raconter les luttes ininterrompues que nos Frères ont dû soutenir à travers les siècles, pour affranchir les esprits du joug théocratique.

Dans ce long et douloureux enfantement de la

civilisation moderne, la Franc-Maç.·. a été la colonne de feu qui a guidé les générations vers la lumière, vers l'avenir libérateur.

Qu'on lise les travaux de la L.·. *les Neuf-Sœurs*, où brillèrent, entr'autres, les FF.·. Bailly, Camille Desmoulins, Fourcroy, Lalande, Danton, ou ceux de la L.·. *la Candeur*, où travaillèrent les FF.·. Lafayette, Lameth, Custine, Guillotin, etc., ou ceux de la L.·. *la Bouche-de-Fer*, où Sieyès, Condorcet, Barnave, Mirabeau et cinquante autres se préparaient au grand acte rédempteur de 1789, ou encore les travaux des Loges *le Contrat social*, *les Amis réunis*.

Qu'on se remémore leurs travaux et l'on verra que c'est dans nos Temples qu'a été préparée, de 1725 à 1789, la Révolution française.

La F.·.-Maç.·. se devait donc à elle-même et elle devait à la France d'achever l'œuvre de nos FF.·. du siècle précédent.

En poussant les pouvoirs publics à faire les réformes scolaires depuis si longtemps attendues, en demandant l'instruction obligatoire, gratuite et laïque, elle est restée fidèle à son passé et à sa mission.

Voyons donc comment, à force d'habileté et de patiente énergie, le parti républicain est enfin parvenu, non seulement à rendre l'instruction gratuite, obligatoire et laïque, mais à remplacer le personnel congréganiste par des maîtres laïques, à transformer les programmes et les méthodes, enfin à soustraire entièrement l'école et l'instituteur au joug de leur ennemie-née : l'Église.

Mais avant d'aborder l'œuvre législative et administrative accomplie dans ces dix dernières années, jetons un rapide coup d'œil sur l'œuvre d'éducation de nos pères. Cette étude rétrospective nous prouvera que le progrès de l'instruction publique se confond, dans notre pays, avec celui des idées libérales elles-mêmes.

Avant 1789, il n'y avait pas en France de système national d'éducation.

L'État n'a eu qu'une action très faible sur l'enseignement, placé tout entier sous la direction de l'Église.

Les Universités dépendaient du pape, les collèges des Universités, et les petites écoles — des évêques pour la doctrine — des curés pour la surveillance et des communes pour les subsides.

Presque partout des corporations, tantôt dominantes comme celle des jésuites, tantôt vouées à l'obéissance passive, comme celle des frères de la doctrine chrétienne, avaient pris le soin des intérêts négligés par l'État.

Ce qui n'existait pas, c'était la conception générale de l'instruction publique, comme une dette de la nation, comme un service d'État.

La Révolution de 1789, recueillant la pensée des encyclopédistes, répondant aux vœux d'innombrables cahiers, proclame, pour la première fois, la nécessité de créer et d'organiser un système national d'éducation.

Par la loi de septembre 1791, elle décréta l'organisation d'une instruction publique « commune à tous les citoyens, gratuite à l'égard des parties d'enseignement indispensables pour tous les hommes ».

Cette solennelle reconnaissance, au nom de la nation, de droits et de devoirs jusque-là ignorés, est inscrite dans les « dispositions fondamentales » du nouveau pacte social.

L'instruction publique étant un intérêt de premier ordre pour la société, c'est à la société d'y veiller elle-même et de le prendre en main; elle ne peut ni le livrer au hasard ni le remettre à la sollicitude des familles, ni s'en décharger sur la charité civile ou religieuse. Tel est le principe nouveau qui se fait jour en 1791.

La Convention ne pouvait qu'en accentuer le caractère : « l'instruction est le besoin de tous », dit la déclaration des Droits de l'homme et du citoyen; et ailleurs : « la société doit favoriser de tout son pouvoir les progrès de la raison publique et mettre l'instruction à la portée de tous ».

Le système de la Convention consacrait le triple principe de la gratuité, de l'obligation et de la laïcité. Les programmes de l'enseignement primaire ne se bornaient pas à la lecture, l'écriture et le calcul, mais comprenaient toutes les connaissances préparant à l'enseignement secondaire et supérieur.

La Convention n'eut pas le temps de réaliser ce large programme.

Quand ses hommes les plus éminents se furent entre-détruits et que les partis populaires, épuisés par l'effort même, eurent disparu de la scène, la réaction releva la tête et, avec elle, d'autres idées se firent jour et prévalurent.

L'Empire, s'appuyant sur les militaires et les fonctionnaires; la Restauration, sur l'ancienne noblesse et une partie de la bourgeoisie, et la Monarchie de Juillet sur les classes moyennes et les gens d'affaires, s'occupèrent surtout à constituer fortement l'enseignement secondaire et supérieur; l'enseignement primaire fut relégué au rang des utopies révolutionnaires.

Cependant, la Monarchie de Juillet dut céder au courant démocratique chaque jour plus fort.

C'est ainsi que parut la loi libérale de 1833.

La République de 1848 qui voulait, d'après la Constitution, « faire parvenir tous les citoyens, par l'action des lois et des institutions, à un degré toujours plus élevé de moralité, de lumière et de bien-être, » revient aux vues de 1793 en matière d'instruction publique.

Carnot, ministre, présenta, le 1er juin 1848, un projet de loi où reparurent les principes qui avaient triomphé en 1793.

Le projet de Carnot ne survécut pas à son ministère.

Quelques mois plus tard, le 15 décembre 1848, M. Barthélemy Saint-Hilaire présentait un nouveau projet qui renfermait d'excellentes dispositions.

Or, le 10 décembre, le prince Louis-Napoléon avait été élu président de la République.

Le 20 décembre, il confiait le ministère de l'Instruction publique et des Cultes à M. de Falloux, l'un des chefs de l'ultramontanisme.

L'instruction publique devait payer les frais de l'alliance conclue entre le prétendant et les partis réactionnaires, en majorité dans l'Assemblée législative de 1849.

En effet, la funeste loi du 15 mars 1850 sortit de cette alliance clérico-bonapartiste.

Alors commença cette période de despotisme, *de désorganisation et de terreur* où l'on vit les ministres, trahissant les intérêts de l'Université et de la patrie, livrer l'enseignement tout entier aux ultramontains.

Je ne puis laisser la loi de 1850 sans entrer dans quelques détails et sans vous faire voir comment les gens qui nous reprochent nos lois scolaires agissent quand ils sont au pouvoir.

Cette loi ne se bornait pas à statuer sur l'enseignement primaire; elle modifiait de fond en comble toute l'organisation universitaire : le conseil supérieur de l'instruction publique fut bouleversé; l'autonomie des grands établissements scientifiques anéantie; le brevet supérieur et l'école primaire supérieure furent supprimés, les programmes réduits.

On mit l'inspection, l'administration, l'enseignement des grandes villes aux mains des complices et des amis.

Pour forcer les hommes de valeur à quitter l'enseignement public ou pour les empêcher d'y entrer, on soumit le corps enseignant à une surveillance ombrageuse et tracassière.

Par l'obligation du serment, on enleva à nos grandes écoles qui n'y voulurent pas souscrire leurs professeurs les plus éminents.

Par la réduction du traitement des instituteurs suppléants au chiffre dérisoire de 400 francs, on détourna les jeunes gens de la carrière de l'enseignement, qui restait ainsi abandonnée aux congréganistes.

Par d'odieuses mesures disciplinaires, on décima le corps enseignant; les révocations, depuis celle du simple instituteur jusqu'à celle du professeur de faculté, furent prononcées sans recours possible; et, on ne saurait trop le redire, nulle catégorie de citoyens ne fut plus sévèrement traitée par les *sauveurs* de décembre que le corps des maîtres laïques.

Pendant ce temps, les congrégations renaissaient de toutes parts; les décrets se succédaient, leur accordant la personnalité civile et tous les *privilèges* qu'elles appellent leurs *libertés*.

Désormais, tout l'enseignement était livré à l'Eglise.

Plus tard, lorsque le second empire essaya de laver sa tache originelle, il affecta de travailler au développement de l'enseignement populaire.

Il chargea de cette opération, M. Rouland d'abord, et bientôt après M. Duruy qui, avec la meilleure volonté, se mit à la tâche, en rappelant que l'Etat a des droits et qu'il a des devoirs en matière d'éducation.

L'empire laissa faire M. Duruy à condition qu'on ne lui demanderait ni beaucoup d'argent pour les écoles, ni beaucoup de liberté pour les maîtres, ni beaucoup d'indépendance vis-à-vis du clergé. Il ne lui accorda ni la gratuité, par esprit d'économie; ni l'obligation par respect pour les prétendus droits du père de famille, ni l'abolition de la tutelle ecclésiastique par esprit de conservation.

Nous voici arrivés à l'année terrible. L'empire, né dans le crime, venait de sombrer dans la honte. La ruine publique, le démembrement de la France, la perte de l'Alsace-Lorraine, furent le châtiment d'une nation qui avait abdiqué sa souveraineté entre les mains tachées de sang du pouvoir personnel.

Le parti républicain, à qui échut, avec le pouvoir, la défense nationale, ne put, hélas ! que sauver l'honneur du pays.

Travailler à la reconstitution de la patrie violemment démembrée, à la délivrance de l'Alsace-Lorraine, telle fut la pensée de tous les républicains.

Aussi, la guerre terminée, fîmes-nous converger nos efforts patriotiques vers ce double but : Refaire l'armée et bâtir des écoles.

Déjà, à la fin de l'empire, nos Fr.·. dans leurs temples, les républicains groupés en associations, avaient mis les questions d'enseignement au premier rang de leurs préoccupations.

La Société pour l'instruction élémentaire, fondée par les libéraux au lendemain de nos désastres de 1815, la Ligue de l'enseignement, la Société coopérative de l'enseignement laïque libre, et tant d'autres avaient partout organisé des conférences, battant le rappel, réveillant les ardeurs généreuses, organisant les forces libérales en vue d'une action prochaine.

Qui de nous ne se rappelle le vaste pétitionnement organisé par la Ligue de l'enseignement en faveur de l'instruction primaire, gratuite et laïque, qui a produit 1,207,267 signatures, non compris cent mille signatures envoyées directement à la Chambre.

Pendant le siège même, nos amis avaient organisé à l'Ecole Turgot, et dans les différentes mairies, des réunions où les hommes les plus compétents venaient, le dimanche et le jeudi, discuter les questions de pédagogie et préparer les réformes depuis si longtemps attendues.

Les soucis de la défense n'empêchent pas les Membres du Gouvernement à songer aux questions d'enseignement, témoin la lettre éloquente que M. Jules Simon écrivit, le 13 Octobre 1870, au Maire de Paris, pour le supplier de doter enfin la capitale des deux écoles normales qui lui manquaient.

Dès l'année 1871, l'Assemblée nationale fut saisie par M. Jules Simon, ministre, d'un projet de loi réclamant l'instruction obligatoire, et de deux autres projets, émanant de l'initiative parlementaire, en faveur de la gratuité, de l'obligagation et de la laïcité.

Mais ils avaient compté sans l'esprit réactionnaire de l'Assemblée nationale où dominaient les partisans des régimes déchus, sans ces singuliers représentants du peuple qui, rendant un culte public à Marie Alacoque, pèlerinant en corps de Lourdes à Paray le-Monial, allaient, par un vote de la majorité de l'Assemblée, vouer la France au Sacré-Cœur et élever, sur les hauteurs de Montmartre, l'église du vœu soi-disant national.

Aussi, ces projets, renvoyés à une commission présidée par M. Dupanloup, furent-ils repoussés haut la main.

L'archevêque de Rouen, M. de Bonnechose, voyait dans la loi sur l'obligation, « *un moment d'oppression; il fallait, d'après lui, écarter cette loi comme un malheur public, plus cruel que tous nos désastres.* »

Alors se produisit le même phénomène qui avait suivi l'avènement de la République de 1848. La hideuse réaction qui, par son alliance avec les hommes du 2 décembre, nous valut l'invasion de 1870, sortit de ses sacristies et de ses châteaux. Ses efforts tendirent, à deux reprises, à aggraver encore la loi Falloux.

L'Assemblée Nationale qui devait tenter le le 24 mai 1873, de renverser la République, commença ses attaques contre l'Université par deux lois : celle du 19 mars 1873 sur le conseil supérieur de l'instruction publique, et celle du 12 juillet 1875 sur la liberté de l'enseignement supérieur.

Par la première de ces lois, elle retirait à l'Etat, non seulement la surveillance des établissements privés, mais encore celle de ses propres écoles, pour la rendre à l'Eglise.

Quant à la loi sur la liberté de l'enseignement supérieur, elle avait une bien autre portée.

Chaque fois que les gens d'église parlent de liberté, méfions-nous ; ils se préparent à asservir.

Qu'il s'agisse de l'enseignement primaire, secondaire ou supérieur, leur but est toujours le même : s'emparer de l'éducation de la jeunesse pour la former à la docilité et au respect des abus et des préjugés.

Aussi votèrent-ils une loi qui assurait à l'Église un triomphe égal à celui de 1850.

Ce fut de toutes parts une éclosion de facultés et d'universités catholiques.

Quant à nous, laïques, ne disposant ni de la puissante organisation du clergé catholique, ni de l'énorme budget que lui constitue annuellement la crédulité de ses fidèles, c'est à peine si nous avons pu créer un établissement d'enseignement supérieur : l'École libre des sciences politiques.

Comme vous le voyez, mes FF.·., la République ne put rien entreprendre de bien solide en faveur de l'instruction primaire pendant que le maréchal de Mac-Mahon détenait le pouvoir. Heureusement qu'avec le retour des 363, s'ouvre l'ère des grandes réformes.

Le maréchal de Mac-Mahon venait de se soumettre, et l'existence de la République étant désormais assurée, on pouvait songer aux choses du lendemain.

Mais qu'elle a été longue et laborieuse cette campagne, qui devait aboutir au triomphe des trois immortels principes scolaires de la Révolution française !

Deux noms resteront attachés, dans l'histoire, à cette mémorable série de travaux législatifs, celui de Paul Bert, le rapporteur et l'âme de la grande commission qui, dès 1879, avait rédigé en un vaste code, toutes les lois nouvelles, et celui de notre F.·. Jules Ferry qui, toujours sur la brèche, sut gagner à force d'éloquence, d'énergie, et de raison, les nombreuses victoires parlementaires qui nous valurent en quelques années :

La loi du 9 août 1879 sur les écoles normales;

La loi du 27 février 1880, qui réorganisa le conseil supérieur de l'instruction publique et en exclut les éléments incompétents ou hostiles, systématiquement accumulés par le législateur de 1850, de 1873;

La loi du 21 décembre 1880, qui crée enfin l'enseignement secondaire des jeunes filles.

La loi du 11 décembre 1880, sur les écoles d'apprentissage, qui permet de former des ouvriers instruits et habiles;

Les lois sur la Caisse des lycées, collèges et écoles;

La loi du 18 mars 1880 sur la liberté de l'enseignement supérieur, qui supprima les jurys mixtes et tous les autres privilèges et abus introduits dans la loi rétrograde de 1875.

Enfin les trois fameuses lois qui permirent à la troisième République de réaliser les hautes et nobles ambitions de 1793.

C'est sur l'esprit et la portée de ces lois que je veux insister. Tout ce qui avait été rêvé autrefois, on l'exécute avec une suite remarquable dans les idées, une rigueur toute scientifique dans la méthode, une générosité sans exemple dans la dépense.

La plupart des républicains élus en 1876 et réélus en 1877, avaient inscrit dans leurs professions de foi le principe de l'enseignement gratuit obligatoire et laïque.

Ce principe avait été comme nous l'avons vu, l'objet des premières revendications de l'opinion au lendemain de nos désastres, l'objet des premiers projets de loi élaborés par les députés républicains en 1871 · il restait le vœu le plus cher de la démocratie.

Un nouveau projet dans ce sens, présenté une première fois le 1er mars 1877, par M. Barodet et renouvelé par son auteur et cinquante députés républicains le 1er décembre de la même année, fut renvoyé à l'examen d'une commission présidée par M. Paul Bert.

C'est cette proposition qui allait devenir le point de départ des lois organiques de l'enseignement primaire.

Mais tandis que les uns voulaient faire comprendre dans la même loi la gratuité, l'obligation et la laïcité, d'autres, ayant une idée plus exacte des obstacles à renverser, à contourner ou à user, comprenaient que la conquête de la laïcité demanderait des prodiges de tactique prudente en même temps qu'énergique.

Les hommes alors au pouvoir savaient qu'il fallait que l'opinion publique fût d'abord bien éclairée sur la nécessité d'opérer dans l'instruction publique, la même réforme, c'est-à-dire la séparation de l'élément laïque et de l'enseignement religieux que la France avait faite précédemment dans les trois pouvoirs : législatif, exécutif, judiciaire, dans l'état civil et le mariage civil.

Il fallait, d'autre part, que le Gouvernement fût en mesure de lever les nombreux obstacles préalables qui empêcheraient cette transformation, c'est-à-dire :

Qu'il fût maître de l'enseignement public ;

Qu'il en tînt le budget en sa main ;

Qu'il eût rendu l'instruction primaire gratuite et obligatoire ;

Qu'il l'eût délivrée de la tutelle des communes ;

Qu'il l'eût soustraite à l'influence des bienfaiteurs de toute sorte, qui, sous prétexte de la doter plus ou moins richement, se réservaient le droit de la diriger à leur gré.

Tout le monde comprenait aussi qu'on ne pouvait rendre l'instruction obligatoire qu'après avoir créé, partout où elles manquaient, des écoles salubres et commodes.

Or, il y avait un très grand nombre de communes, ou qui n'avaient pas de maisons d'école, ou qui n'avaient que des locaux insuffisants, ou qui ne disposaient que de maisons prises en location.

Alors fut votée la loi du 1er juin 1878, qui constituait la caisse pour la construction des maisons d'école, et qui mettait une première somme de 120 millions à la disposition du ministre de l'Instruction publique.

C'est cette loi qui commence véritablement l'évolution vers le but définitif.

Cette fois, les moyens d'exécution sont sûrs, énergiques ; toute résistance doit fléchir.

La commune est contrainte de devenir propriétaire de l'immeuble où fonctionne une école publique, et l'Etat s'engage à l'y aider par voie de subvention et par voie de prêts amortissables.

Dès lors, l'œuvre marche à pas de géant ; les communes comprennent le devoir qui leur incombe. Une rivalité féconde s'établit ; les subventions se renouvellent et s'augmentent chaque année ; la dotation de la Caisse des Écoles est reconnue insuffisante pour les besoins qui se manifestent.

Avec M. Grévy, la direction des affaires passa entièrement aux mains des républicains.

A ce moment, les finances de la France étaient prospères ; aussi, par les nouvelles lois de 1879, 1880, 1881, 1883, de forts crédits purent être votés pour la construction des Écoles.

Du 1er juin 1878 au 31 décembre 1887, on versa, dans la Caisse des Écoles, l'énorme somme de 527,272,454 fr. qui a servi :

1° A construire 3,236 groupes scolaires et 14,816 écoles ;

2° A réparer 11,007 groupes scolaires et 6,916 écoles ;

3° A réparer, compléter ou acquérir 13,251 mobiliers scolaires.

Grâce ces constructions, un asile était enfin donné à notre enseignement primaire national, si longtemps condamné à un état précaire faute d'installations convenables. Désormais on pouvait appeler à l'école tous les enfants d'âge scolaire.

Et, pour épargner aux pauvres toute blessure d'amour-propre ;

Pour effacer toute distinction entre élèves gratuits et élèves payants ;

Pour rendre accessible à tous les différents enseignements,

On établit l'instruction gratuite à l'asile, à l'école primaire et à l'école normale.

On mit ainsi un terme à un état de choses qui, dès le premier âge, divise les enfants en riches et en pauvres, crée sur les bancs de l'école une aristocratie et une plèbe, et oppose aux doctrines d'égalité une prédication permanente d'inégalité.

La loi du 16 juin 1881, qui a institué la gratuité absolue, a détruit du même coup les relations qui existaient auparavant entre l'école, la famille et la commune.

L'instituteur, jusque-là délégué de la commune et du père de famille, devint exclusivement le représentant de l'État.

D'un autre côté, la loi nouvelle a modifié complètement l'ancien budget de l'Instruction primaire et l'a assis sur une base plus logique.

Jusqu'à la loi de 1881, les ressources de ce budget s'échelonnaient ainsi :

En première ligne : les dons et legs ;

En seconde ligne : les revenus des communes ;

En troisième ligne : les fonds départementaux ;

Enfin : les subventions de l'État.

Or, on sait ce qu'avaient été précédemment ces subventions, en faveur de l'instruction populaire :

Sous le premier Empire, 4,250 fr. pour le noviciat des écoles chrétiennes ;

Sous la Restauration, 50,000 fr.

Sous la Monarchie de Juillet, moins de 3 millions, en 1837 ;

A la fin du second Empire, en 1869, moins de 12 millions.

Nous sommes loin, comme on le voit, des 200,800,000 francs consacrés, en 1888, à l'instruction populaire.

C'en était donc fini de cette déplorable théorie du *laisser faire* en matière d'enseignement primaire. Qui oserait encore prétendre que l'État est moins intéressé dans cette question que les particuliers, les communes et les départements et qu'il ne doit intervenir qu'après tout le monde et à défaut de toute ressource ?

L'Etat, au contraire, doit se révéler, sinon comme le seul intéressé, du moins comme le grand intéressé, comme la personne morale qui a le plus de devoirs et le plus de droits, et qui est disposée à accepter le plus de charges.

Voilà donc la gratuité établie.

Mais l'Etat, payant les dépenses, devait exiger que tant de sacrifices produisissent les meilleurs fruits possibles.

Aussi, dès l'année suivante, la loi du 28 mars 1882 sur l'obligation vint-elle ajouter la sanction de la puissance publique au devoir moral du père de famille.

Mais l'obligation, à son tour, sous peine de porter atteinte à la liberté de conscience exigeait, comme corollaire, le caractère laïque, non confessionnel de l'école primaire.

Aussi, dans le projet sur l'enseignement primaire obligatoire, le ministre avait-il omis « *l'instruction morale et religieuse* ».

Quand la loi votée par la Chambre arriva au Sénat, on proposa de substituer à la prescription de 1850 la formule suivante :

« L'instituteur devra enseigner les devoirs envers Dieu et envers la patrie ».

C'était ou introduire à l'école primaire les spéculations métaphysiques sur l'Être suprême, ou y faire rentrer le catéchisme.

La loi, ainsi modifiée, fut renvoyée à la Chambre, qui maintint purement et simplement son ancienne rédaction.

Dans l'intervalle, eurent lieu de nouvelles élections.

Le Sénat, renouvelé en partie, accepta la rédaction de la Chambre ; la loi fut votée le 23 mars et promulguée le 28 mars 1882.

L'instituteur est maintenant affranchi du catéchisme, de l'Eglise et du curé.

La liberté de conscience n'est plus un vain mot ; grâce à cette loi, elle trouve son asile naturel à l'école, comme la liberté des cultes a depuis longtemps le sien dans les églises.

Telle est la loi d'athéisme et de tyrannie, au dire du parti clérical, loi qu'il dénonce à la réprobation du peuple.

La loi sur l'obligation a eu pour conséquence forcée un accroissement considérable du personnel enseignant.

Il fallait, en effet, recruter un personnel suffisant, non seulement pour les écoles créées ou à créer, mais encore pour remplacer les instituteurs congréganistes que la future loi sur la laïcité allait forcer de quitter les écoles de l'Etat.

La tâche la plus difficile restait à accomplir : *rendre l'école laïque dans son personnel et dans ses programmes.*

On sait après quels débats acharnés et au prix de quels efforts la loi du 30 octobre 1886 a pu être promulguée.

Pour atteindre le but, on avait dû livrer trois assauts : 1° Par la loi du 16 juin 1881, sur les titres de capacité de l'enseignement primaire, on imposait une obligation uniforme, le brevet de capacité. Elle abolissait les équivalences établies par la loi de 1250, entre autres la fameuse lettre d'obédience qui, en fait d'équivalence, représentait surtout un brevet d'incapacité.

Elle rendait obligatoire, pour les congréganistes comme pour les laïques, le certificat d'aptitude.

Elle exigeait que les maîtres non pourvus des

diplômes requis se présentassent à l'examen dans le délai d'un an.

Quant aux maîtres adjoints, qui, après trois ans, n'auraient pas réussi à obtenir le brevet, la loi ne leur permettait plus d'enseigner.

Et c'est cette loi que les orateurs de la droite représentèrent comme un monument d'iniquité et d'oppression !

2° La loi du 28 mars 1883 supprima l'instruction religieuse à laquelle on substitue « l'instruction morale et civique », au grand scandale de tous les dévots.

La même loi enlève aux membres du clergé « le droit d'inspection et de direction dans les écoles primaires. »

3° La loi du 30 octobre 1886 achevait l'œuvre en laïcisant le personnel.

Dans les écoles publiques de tout ordre, dit l'article 17, l'enseignement est exclusivement confié à un personnel laïque.

« Pour l'école de garçons, ajoutait l'article 18, la substitution du personnel congréganiste devra être complétée dans le laps de cinq ans, après la promulgation de la présente loi. »

En conformité de cet article, la laïcisation du personnel masculin s'appliqua immédiatement dans quatre-vingt-six départements sur quatre-vingt-dix dont se composait les territoires de la France et de l'Algérie.

Quant à la laïcisation du personnel des écoles de filles, le manque d'écoles normales d'institutrices dans un grand nombre de départements retarda l'application de la loi.

La laïcisation fut cependant réalisée immédiatement dans quarante-huit départements sur quatre-vingt-dix.

Pour trente-trois départements, la laïcisation devait s'effectuer aux dates suivantes :

15 départements, le 1er octobre 1887, où l'école normale aura quinze années d'existence.

7 départements, le 1er octobre 1888, où l'école normale aura 4 années d'existence.

3 départements, le 1er octobre 1889, où l'école normale aura 4 années d'existence.

8 départements, le 1er octobre 1890, où l'école normale aura 4 années d'existence.

Enfin 9 départements n'avaient pas encore d'écoles normales; mais comme aujourd'hui le recrutement n'est pas local, c'est-à-dire comme il se fait dans la France entière, on pourra compléter, dans les délais requis, la laïcisation dans ces neuf départements.

Interpellé à maintes reprises au Sénat et à la Chambre sur l'application de la loi, M. Goblet répondit chaque fois « que la laïcisation serait poursuivie régulièrement et pacifiquement, et qu'à l'expiration des cinq ans, elle serait faite partout. »

Or, ce délai de cinq ans expirera le 1er Octobre prochain, et à cette date, la complète sécularisation de l'école sera irrémédiablement consommée en France.

Vous devinez, mes FF.·., quel déchaînement de fureur produisit la laïcisation dans le camp de ceux qui avaient voué la France au Sacré-Cœur.

C'était, suivant leurs propres expressions, le triomphe de l'enfer, incarné dans la Franc-Maçonnerie. Ce fut partout un frémissement de rage, un redoublement d'injures et de calomnies.

Le ciel outragé criait vengeance, et ses milices terrestres allaient soulever la France entière contre les tyrans, contre les oppresseurs des consciences.

Ils avaient trois ans devant eux pour préparer la revanche de leur Dieu.

Alliés à tous les ennemis de la République, à tous les mécontents, à ceux mêmes dont ils réprouvaient les doctrines anarchiques, excitant partout les appétits, aiguisant les haines, ils menèrent contre nos lois, contre nos nouvelles institutions la plus furieuse campagne dont on puisse être témoin.

Hélas! les élections des 22 septembre et 6 octobre 1889 changèrent leurs espérances en de cuisantes déceptions.

Et les voilà condamnés à machiner de nouveaux engins pour écraser la *gueuse* à qui la France doit l'instruction obligatoire, le service militaire obligatoire et la sécularisation de l'enseignement public.

J'ai déjà fort abusé, mes FF.·., de votre bienveillante attention, et cependant ma tâche n'est pas terminée.

Restait, pour compléter l'œuvre scolaire de la République, à régler la situation matérielle et hiérarchique des maîtres de l'enfance : tel fut l'objet de la loi du 17 juin 1889 sur le classement et le traitement des instituteurs.

On avait augmenté le travail des instituteurs sans élever sensiblement leur traitement.

On les avait en outre allégés, sans aucune compensation, de diverses fonctions accessoires lucratives.

Enfin, comme le système de la centralisation avait prévalu dans les lois précédemment votées, il fallait logiquement soustraire l'instituteur à toute autorité rivale de l'État, l'assimiler aux autres agents de l'État, en faire exclusivement le délégué de l'État.

C'est pour se conformer au mouvement d'opinion qui se prononçait dans ce sens, pour effectuer l'assimilation dont il s'agit ; enfin pour donner aux instituteurs un traitement en rapport avec leurs nouvelles fonctions que la loi du 19 juillet 1889 fut votée.

Cette loi, inspirée par les meilleures intentions soulèvera cependant d'énergiques réclamations, et devra être modifiée si l'on veut atteindre le but qu'on s'est proposé.

Vous connaissez à présent, mes FF.·., dans son ensemble, l'œuvre législative accomplie, en si peu d'années, par la troisième République, dans le domaine de l'enseignement.

Grâce à ces lois, la France non-seulement a atteint « d'un seul bond » le premier rang; mais elle l'a atteint par des moyens à elle, conformes à son génie, dignes de son passé de nation civilisatrice, et ce sera l'éternel honneur de ses représentants au parlement, et du ministère de l'instruction publique d'avoir su traduire exactement la pensée du pays et réaliser, de 1879 à 1889, les hautes ambitions de 1793.

Il me reste à vous entretenir de la partie la plus délicate de l'œuvre.

Quel est l'esprit des maîtres; quel est l'esprit de l'enseignement, quelle est sa valeur éducative?

L'avenir seul le dira, en nous montrant les fruits de l'arbre. Il faut laisser le temps faire son œuvre. Du moins pouvons-nous constater, dès maintenant, les mesures pratiques, les moyens d'application employés pour tirer des lois tout le profit intellectuel et moral qu'elles promettent au pays.

Nos législateurs ont élevé, à grands frais, l'édifice scolaire, mais que fait-on dans cet édifice? Les écoles sont-elles pleines d'élèves ; les maîtres sont-ils à la hauteur de leur tâche? Et l'administration répond-elle à ce que le pays et la République ont le droit d'en attendre? Les programmes respirent-ils le souffle libéral d'un enseignement vraiment démocratique?

La méthode, la méthode qui importe avant tout, la méthode qui fait les esprits indépendants, les hommes libres, comme aussi les esprits obéissants et serviles, la méthode employée élève-t-elle les esprits et les cœurs, prépare-t-elle des citoyens dignes et capables d'exercer les droits et les prérogatives du peuple souverain?

Les meilleures lois seraient stériles si, à côté des hommes politiques, partisans enthousiastes de la diffusion de l'instruction, il n'y avait des pédagogues capables de la bien comprendre et de l'organiser pratiquement.

Or, en pédagogie comme dans les arts et les lettres, nous avons nos hommes de génie, nous avons nos classiques.

Aujourd'hui même, nous avons des hommes qui ont étudié le problème de l'éducation sous toutes ses faces, qui l'ont étudié à la fois avec la conscience scrupuleuse du savant, la gravité du pédagogue et l'ardeur passionnée du patriote.

On croit les insulter en disant que notre époque est « le triomphe de l'érudition prétentieuse et le règne du pédant ».

Nous relevons le gant et nous disons : notre époque a compris l'importance de la pédagogie et lui a fait sa place dans les grandes questions sociales, comme il convenait de la faire à ce qui est « l'art d'adapter les générations nouvelles aux conditions de la vie la plus intense et la plus féconde pour l'individu et pour l'espèce. »

Il serait trop long d'énumérer toutes les innovations heureuses introduites dans l'administration, toutes les réformes pratiques accomplies dans l'enseignement sous l'inspiration de ces prétendus pédants ?

Qu'il nous suffise de rappeler :

Que le Conseil supérieur de l'Instruction publique a été réorganisé sur des bases vraiment démocratiques ; que les ennemis de l'instruction populaire en ont été évincés, et que ce corps, autrefois obstacle permanent au progrès, est devenu « un corps vivant, organisé et libre » justement surnommé le « Grand Comité de perfectionnement de l'Enseignement national » ;

Que l'élément électif est entré dans les Conseils départementaux ; que des instituteurs et des institutrices y siègent maintenant, et que les intérêts de l'enseignement et du corps enseignant ne son plus à la merci de gens hostiles, mais entre des mains amies ;

Que l'éducation des filles a été traitée pour la première fois aussi avec la même sollicitude que celle des garçons ;

Que les maisons d'écoles ont été multipliées, assainies et mieux appropriées à leur destination ;

Que le mobilier scolaire, fabriqué d'après des principes scientifiques, a été complètement transformé et porté au plus haut degré de perfection ;

Que le musée pédagogique, exposition permanente de tout ce qui se rapporte à l'enseignement a été créé, et que ses belles collections, sa riche bibliothèque, ses volumes instructifs, sa bibliothèque circulante ont été mis à la disposition des intéressés et des amateurs curieux ;

Que la science de l'éducation ne se borne plus à une culture générale purement pédagogique, mais qu'elle embrasse l'histoire des théories de l'éducation, la psychologie et la morale appliquées au gouvernement de l'enfant ;

Qu'un cours public sur la science de l'éducation a été fondé à la Sorbonne pour discuter devant le grand public le problème entier de la culture humaine ;

Que les deux Écoles normales supérieures de Saint-Cloud et de Fontenay ont été fondées et fournissent chaque année à l'enseignement des maîtres d'élite ;

Que des conférences cantonales entre instituteurs ont été organisées dans toute la France et que toutes les questions d'éducation et d'enseignement y sont posées, discutées et souvent résolues avec un grand sens pratique.

Que des bibliothèques pédagogiques, des bibliothèques circulantes, complément indispensable des conférences d'instituteurs et d'institutrices, ont été établies dans presque tous les cantons, pour mettre à la disposition des maîtres désireux de compléter leur instruction générale ou d'étendre leurs connaissances professionnelles, des recueils périodiques, et les documents officiels dont ils peuvent avoir besoin ;

Que des congrès nationaux et internationaux d'enseignement primaire ont eu lieu, dans lesquels des délégués du monde entier, des pédagogues éminents sont venus discuter les plus hautes questions de l'éducation ;

Que par suite l'instituteur a mieux compris sa mission et s'est rendu compte de la responsabilité qu'il encourrait s'il n'exerçait qu'un métier au lieu de former d'honnêtes gens pour la famille, des ouvriers habiles pour l'atelier et de bons citoyens pour la patrie ;

Que des programmes clairs et précis ont été établis indiquant ce qu'il faut enseigner, à qui et comment il faut enseigner.

Qu'ils ont été étendus, améliorés, sinon toujours simplifiés.

Qu'un enseignement tout nouveau, le plus attaqué, le plus nécessaire à l'homme, l'enseignement moral et civique, a été introduit à l'école, au grand scandale de ceux qui ne connaissent d'autre morale que celle du catéchisme ;

Que le dessin, les éléments des sciences physiques et naturelles ont trouvé place dans l'enseignement primaire.

Que les exercices physiques : exercices militaires, gymnastiques, jeux scolaires, travaux frœbelliens, travaux manuels y ont été introduits, permettant aux enfants d'alterner les travaux intellectuels avec les exercices corporels et de se reposer des fatigues de l'esprit par les délassements du corps ;

Que les bibliothèques scolaires ont pris une nouvelle extension et que des millions de bons livres permettent d'étendre à la famille les lectures et les études de l'école.

Que le certificat d'études est devenu un diplôme officiel, et que ce modeste titre, recherché par les familles, est devenu un agent d'émulation pour les maîtres, les élèves et leurs parents, et un moyen de contrôle pour les autorités scolaires.

Que les méthodes, au lieu d'être, comme naguère, dictatiques, sèches et abstraites, ne s'adressant qu'à la mémoire, sont devenues concrètes, attrayantes, font appel à l'observation et au raisonnement, cultivent harmoniquement toutes les facultés, de sorte que les jeunes gens apprennent plus et mieux avec moins d'efforts, sont habitués à examiner, à voir le pour et le contre des choses et préparés à se conduire en êtres libres dans toutes les circonstances de la vie civile ou politique.

Ce mouvement imprimé de bas en haut, par le ministère, à tout l'enseignement, a provoqué, d'un autre côté, une transformation de la librairie scolaire. L'École est tributaire de la librairie ; sans bons livres, l'enseignement devient moins facile, moins méthodique, moins fructueux.

Aussi, à l'action du Gouvernement est venue se joindre l'influence de nos journaux pédagogiques,

Chacun de nos grands éditeurs a son journal rédigé par les maîtres les plus intelligents. A notre ancienne et vaillante presse scolaire : le *Manuel général de l'Instruction primaire* (56 années d'existence); le *Journal de l'Instituteur*, arrivé à sa 32e année; *l'Éducation* (16 ans), sont venues s'ajouter des publications non moins actives, la *Revue pédagogique*, *l'Instruction primaire* et cent autres périodiques.

Cette presse, en mettant le corps enseignant tout entier en communication permanente avec l'administration, la librairie, les amis de l'instruction, fait surgir ou remue tout un monde d'idées et contribue dans la plus large mesure au progrès général de l'enseignement.

La librairie, de son côté, entraînée par le mouvement général et par l'exemple de quelques hardis et intelligents novateurs, a secondé patriotiquement les éducateurs. Elle a fait appel aux professeurs de l'enseignement secondaire; des professeurs de faculté ont travaillé pour l'enseignement primaire, de sorte qu'il y a aujourd'hui, dans chaque genre d'études, surabondance de bons, d'excellents livres et que l'instituteur est vraiment embarrassé quand il doit faire un choix.

Après ce rapide coup d'œil jeté sur la nouvelle organisation de l'enseignement en France, je devrais vous parler des résultats scolaires obtenus et que l'admirable exposition du Centenaire nous a permis d'étudier et d'apprécier. Mais j'ai déjà été trop long, beaucoup trop long, et je remets cette étude à une autre conférence, si ce qui me reste à dire peut vous intéresser. J'ai fini, mes Frères.

Vous connaissez déjà ces fameuses lois scolaires, dites « lois scélérates. »

Elles réalisent (en partie) les grandes idées de nos pères. Le système d'enseignement établi par ces lois est sans contredit le plus libéral de tous ceux qui existent dans le monde, le plus moderne, le plus conforme aux apirations comme aux besoins d'une grande nation émancipée du joug théologique.

Ni la Suisse, ni la Hollande, ni l'Allemagne protestante, ni la République américaine n'ont rien à nous offrir qui puisse être comparé à notre enseignement national primaire.

En quelques années, la France qui était en arrière, vient de se placer à la tête des peuples. A l'étranger, en Allemagne, en Angleterre, on rend un juste hommage à l'œuvre de nos législateurs et de nos pédagogues. Dans un discours aux instituteurs anglais réunis à Sheffield, M. Mundella disait : « Je viens de lire la dernière loi française de l'enseignement. C'est l'acte le plus grand, le plus prodigieux qu'il y ait jamais eu dans l'histoire de l'éducation dans le monde entier. »

Et qui donc traite de lois scélérates, ces lois que nos rivaux ou nos ennemis qualifient « le plus grand acte qu'il y ait jamais eu dans l'histoire de l'éducation? »

Vous le savez, mes Frères.

Ce sont ceux qui exploitent depuis des siècles l'ignorance et la misère publiques ; ceux qui veulent que le peuple soit abruti pour rester gouvernable.

Il était naturel que la vive impulsion donnée

à l'instruction publique rencontrât une très vive résistance de la part du fanatisme et de l'égoïsme.

Cette élévation du niveau moral et intellectuel du peuple, cet affranchissement politique et social de ceux qui, sans la Révolution, seraient encore des manants, ne pouvaient être du goût des anciennes nos classes dirigeantes. Aujourd'hui, elles marchent en colonnes serrées, à l'assaut de nos institutions.

C'est à nous, fils de la Révolution, à faire justice de de leurs violences et à défendre la République.

Dès 1791, elles attaquaient avec la même âpreté les réformes alors accomplies, et dès cette époque, Mirabeau les apostrophait en ces termes :

« Pasteurs et disciples de l'évangile, qui calomniez les principes des législateurs de notre patrie, savez-vous ce que vous faites ? — Calmez donc, ah ! calmez vos craintes, rougissez de vos exagérations incendiaires et ne voyez plus notre ouvrage à travers vos passions. »

Car c'est bien à travers leurs passions, qu'aujourd'hui comme en 1791, les réactionnaires et les conservateurs considèrent les réformes.

C'est ce que constate un modéré, M. Ribot, amené par la force des choses, à dire, le 3 février dernier, du haut de la tribune :

« Le clergé, sinon tout entier, du moins en très grande partie, est à l'état d'hostilité flagrante avec nos lois et nos institutions elles-mêmes.

Que l'Eglise se renferme dans son rôle, qu'elle soit l'Eglise enseignante et non l'Eglise militante, dirigeant toute la force morale des consciences contre les institutions, contre la République, contre les lois. Cela vous pourrez le tenter, nous ne le tolérerons jamais. »

Des républicains ont cherché à jeter la défection dans nos rangs et à entraîner une partie des nôtres vers la droite pour obtenir l'adoucissement d'abord, le retrait ensuite des deux lois scolaire et militaire.

Mais depuis, une écrasante majorité s'est prononcée pour le maintien et l'application intégrale des lois attaquées.

Tout aussitôt, la réaction prend une autre forme ; les indépendants se font républicains, pour s'introduire dans la place et mieux attaquer la République.

MM.·. FF.·.,

N'oublions pas que l'instruction est le patrimoine du peuple et le besoin le plus urgent de notre jeune démocratie.

Veillons et travaillons à faire connaître ces lois, à les faire aimer, et à les défendre par tous les moyens si les circonstances l'exigent.

Leur triomphe définitif assurera le triomphe définitif de la Révolution et de la République, la grandeur de la patrie et sera par là le plus précieux gage d'espérance pour ceux qui, de l'autre côté des Vosges, ont le mal de France, et ne cessent de tendre vers nous des mains suppliantes.

Paris. — Imp. maç.·. Hugonis, 6, rue Martel.

BROCHURES PAR LE MÊME

VENDUES AU PROFIT DE DIVERSES ŒUVRES D'UTILITÉ PUBLIQUE

1° De l'influence des Expositions universelles sur l'enseignement des arts du dessin.

2° Rapport au Conseil municipal de Paris sur le Congrès international de l'enseignement, tenu, en 1880, à Bruxelles.

3° Rapport aux instituteurs libres et laïques de l'Académie de Paris, sur le Congrès international de l'enseignement, au Havre, en 1885.

www.ingramcontent.com/pod-product-compliance
Ingram Content Group UK Ltd.
Pitfield, Milton Keynes, MK11 3LW, UK
UKHW021042180726
13838UKWH00004B/1966

9 782329 437637